커피향에 반한 사람들

-영종도 그섬에 가다-

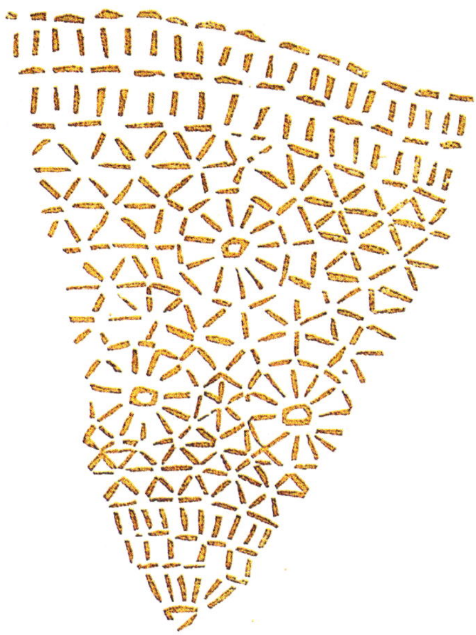

'인연'
철수'97

이경용 지음

아내가 레이스 뜨개를 한다. 인연이란 서로
버릇들이고 사는것. 풀어보면 그새 변해있다

도서출판
진영사

커피향에 반한 사람들
-영종도 그 섬에 가다-
이경용 저

2022년 08월 22일 초판 인쇄
2022년 08월 29일 초판 발행

발행인 박 진 영
발행처 도서출판 진영사
인천광역시 부평구 주부토로 236번지 인천테크노밸리 U1
지식산업센터 B동 1507호
전화: 032)505-4207
팩스: 032)505-4206
E-mail: 0183734207@hanmail.net
신고번호: 제2007-000001호

ISBN 978-89-6541-576-3 03800
값 9,900원

커피향에 반한 사람들

-영종도 그 섬에 가다-

이경용 저

도서출판
진영사

목차

01. 커피 향에 반한 사람들 ······ 8

02. 어머니 ······ 10

03. 내 아버지 ······ 12

04. 장모님 ······ 14

05. 할무니 ······ 16

06. 딸이 시집 간단다 ······ 18

07. 손주 이준이 ······ 20

08. 해줄래 ······ 22

09. 손주를 위한 기도 ······ 24

10. 동글 동글 포도송이 ······ 26

11. 막둥이 군대가다 ······ 28

12. 수양딸 ······ 30

13. 우물 …… 32

14. 겨울밤 …… 34

15. 고향길I,II …… 36

16. 으뜸 안경원 …… 38

17. 일하는 남자 …… 40

18. 스타일 봄I …… 42

19. 스타일 봄II …… 44

20. 눈으로 말하는 부부 …… 46

21. 거미 …… 48

22. 조여사 …… 50

23. 커반 …… 52

24. 아들 면회 간 날 …… 54

25. 내가 이겼다 56
26. 살다 보면-I 58
27. 살다보면-II 60
28. 연탄 62
29. 봉자, 미자, 희환이 64
30. 승강기 할아버지 66
31. 노랑머리 최부장 68
32. 살아보니 70
33. 아이 72
34. 아이가 보는 세상 74
35. 꽃이 신기해 76
36. 고양이야 어디가? 78
37. 아이의 생각 80

38. 인생 닭강정 82
39. 대왕비빔밥 84
40. 맘스터치 86
41. 내친구 88
42. 에어컨과 선풍기 90
43. 한우리 요양원 92
44. 신발 94
45. 사랑 96
46. 목발 98
47. 달려와 주는 친구 100
48. 엄마가 주신 돈 102
49. 새벽을 열다 104
50. 눈꽃 106

커피 향에 반한 사람들

영종도 그곳은 주말이면
서울근교에서 제일 가까운 바닷가로
낙조가 아름다운 테이트하기 좋은 곳이다.
주말이면 커피 향에 매료된 많은 사람들이
이곳을 찾는다.

공작소라는 이름의 베이커리도 있고
전망대 카페도 있다.
운서역 2번 출구는 카페거리로
젊은이들의 명소로 자리 잡았다.

여름이면 을왕리 해수욕장이
겨울이면 겨울바다를 보기 위해
이곳을 찾는다.

인천국제공항 이곳은 대부분이
공항종사자가 터전을 잡고 산다.

우리가 어린 시절
공항은 선망의 대상이었고
멀리 타국에 아버지를 보내던
눈물바다가 되던 이별의 장소였다
초등학생들은 공항에 견학을 왔고
이제는 공항 역사를 알려주는
공항 박물관도 생겼다.

영종도 그 섬은
유난히 카페도 많고
젊은이들이 많은 곳이다.
커피향이 도시주변을 맴돈다

오늘은 커반에서 내린 커피를
내일은 편의점에서 천 원짜리 커피를
다 맛있네!
우리는 커피 향에 반한 사람들이다.

어머니

밤새 가랑비 내리고
뒤척이시던 어머니
이른 새벽
거적을 머리에 쓰시곤
밭에서 물꼬를 내고 계십니다.

빗물에 삶의 무게가 더해지고
당신의 머리에서는
희뿌연 김이 모락모락 피어납니다.

시간의 지남에
조급한 마음은 고단한 허리 펴지도 못하고
환한 박꽃웃음에도
틀니를 가리시던 굳은살의 그 손을
기억합니다.

빗줄기 가늘어진 하늘
무지개가 뜨는 그 아래
학교 간 큰형을 기다리시던
어머니
그 품에 안으셨던
비닐우산

오늘 같이
비 내리는 밤이면
어머니
당신의 온기가 그립습니다.

내 아버지

아버지가 부르신다
아들아
나 밥 먹었니 밥 안 먹었지?
배가 고프시단다
또 밥을 드신다

아버지가 부르신다
어머니를 여보 여보
어머니는 대답이 없다
왜 대답을 안 하시냐고
물으면 귀찮아서
대답을 안 하신다고 하신다

아버지가 부르신다
손주, 손녀를
그 아이들의 어린 시절만
기억하셔서
너무 이쁘신가 보다

아버지가 부르신다
엄마 엄마
할머니가 눈에 보이시냐고
여쭈어보면
그 대답은 없으시다
어머니가 그리우신가 보다

아버지가 부르신다
식사를 하시고
믹스커피를 한 잔 하자고
커피를 좋아하시는
내 아버지 돌아가시는 그 날도 커피를 찾으신다

아버지가 부르신다
발뒤꿈치가 가렵다고
양말을 못 신으시니,
걷지를 못 하시니
다리에 힘을 못 주신다
저 다리도 걸으실 수만 있다면
어디든 모시고 갈 수 있는데

아버지가 부르신다
내 이름을
열 번 스무 번을 부르셔도
나는 대답을 한다
언제까지 내 이름을
부르실 노래를 들을 수 있을까?

아버지가 부르신다
니 애미는 병원에 있지 하시면서?
그래도 평생을 같이 한
어머니가 제일 좋으신가 보다

장모님

구순이 가까우신
우리 장모님
허리를 꼿꼿이 세우시고
어느덧 우리집 문을 들어서신다

어느 우리들의
어머님처럼
남편을 위해
자식을 위해
모든 것을 희생하셨다

있는 것 모든 걸
자식에게 다 주시는
우리 장모님

손마디가 굵어지고
온통 하얀 흰 머리 이시지만
목란 꽃 같이 자식사랑은
더할나위 없으셔서
오늘도 더 못 주셔서
마음 아파 하신다

한 번쯤은 장모님만의
행복한 순간이 있으셨을까?

오래오래 건강히 사시라고
말씀드리지만
활짝 웃으시면서
자네나 건강하라 하신다

오늘도 내일도
증손자를 기다리신다
그 아이 재롱에
웃음을 멈추질 못 하신다

그 아이와 손을 잡고
걷는 모습이
정말 즐거워 보이신다

얼마 못 걸으시고
자리에 앉으신다
힘이 드시는가보다
마음이 저려온다

증손주의 재롱이
장모님의 보약이다
하나 둘 셋을 외치며
아이가 장모님께 뛰어간다

두 팔을 활짝 벌리셔서
아이를 힘껏 안으신다
행복이 뚝뚝 떨어진다
이 모습이 우리 장모님
행복한 모습이다
언제까지나 이 모습을 보고 싶다.

할무니

우리 집엔
나와 44년을 함께한 할매가 있다
사고뭉치인 나를 내조하느라
한 평생을 바친 어여쁜 우리 할매
이쁜 모습에 서리가 내리고
그 나이에 맞게 늙어가고 있다

어느덧
자는 모습이 나를 아프게 한다
신혼 시절은 천사 같은 모습으로
편안하게 잠들었는데
지금은 손주 보는 힘든 모습으로
푹 자지 못 하고 자꾸 잠을 깬다

많은 세월을 나 하고 같이 있어도
여자이고 싶은 할매
요즘은 손주 보는 재미에
힘든 내색 없이 푹 빠져있다
"아고 귀여워라" 하는 말이 입에 붙었다

손주를 보는 눈빛이 사랑이 넘친다
손주도 할매만 찾는다

할매가 세월이 갈수록
음식에 간도 못 맞추고
점점 음식 하는 것도 힘들어 하지만
난 아직도 할매의 음식이 젤 맛이 좋다

할매는 나보고
하루라도 먼저 세상을 떠나라 말한다

혼자 남으면 자식들이 힘들다고
북망산에 자기보다 나보고 먼저 가란다
할매가 약을 한 주먹 먹는다
약 먹기도 힘들 텐데
아이고
저 약의 원인이 나일 텐데 마음이 아프다

오늘은 할매가 활짝 웃는다
공돈이 생겼나보다
할매의 제일 좋은 처방은 돈이다

오늘은 할매가 구슬프게 운다
캐나다에서 다니러 온 처제가
캐나다로 돌아가는 날이다
울지 않겠다고 다짐하더니
눈물이 주르르 흐른다

딸이 시집 간단다

딸이 어린 시절
잠시도 눈을 뗄 수 없는 아이
수시로 열이 났고
열이 나면
모든 가족이 눈물바다가 되었다.

딸이 중학교 시절
눈부시게 아름다워 눈을 뗄 수 없는 이쁜 아이
수시로 조잘 거렸고
웃음이 나면
모든 가족이 크게 웃었다.

딸이 고등학교 시절
제법 어른스러워져 눈에 넣어도 아까운 아이
수시로 어른스러운 말을 했고
한 마디 하면
모든 가족은 놀라곤 했다.

딸이 대학시절
젊은 남자 아이들은 말 한 번 시키려고 하던 아이
수시로 남자친구들의 이야기를 했고
그 말들이
모든 가족을 기쁘게 했다.

이제는 훌쩍 커버린 아이
낼 모레면 시집을 간단다.
아이가 엄마가 되고
그 딸아이를 그렇게 바라보리라
어느덧 지 인생을 간다.

손주 이준이

세상에!
이렇게 사랑스러운 아이가 우리 앞에 나타났다
너무 이뻐서 바라보기도 아까운 아이다

이 아이가 자라서 어른이 되면
그 아이를 나는 지켜줄 수가 없다
아이의 하루는
못 보던 모습이 문뜩 문뜩 새롭게 보인다

'세상에서 제일 이쁜사람 누구!
손들어보세요' 하면
손을 번쩍든다

할배, 할매를 보면 신나게 달려와 따뜻하게 안긴다
까까는 할배와
맘마는 할매와
이 아이가 세상의 보석이다.

해 줄래

아이가 말을 배웠다
어디서 들은 말인지
해줄래를 외친다

그 모습이 신기하고
쳐다보면 웃음이 나서
자꾸 말을 시킨다

초롱초롱한 큰 눈망울
어느새 눈물이 맺힌다
방울방울
큰 눈물이 뚝뚝 떨어진다
해달라는 것은 안 해주었더니 금방 서러웠나보다

출동 번개파워를 외친다
번개충전!
발음이 잘 안 된다

새로운 것을 보면
신기해 눈을 떼지 못 한다
저 아이의 눈에는 다 신기할 텐데

엄마, 아빠 다리를 하나씩 잡고
사랑해를 외친다

그런 말은 또 어디서 배웠니?

손주를 위한 기도

한잎한잎 자라나는 나뭇잎처럼
보송보송 뭉쳐나는 솜털처럼
송글송글 피어나는 꽃들처럼
푸릇푸릇 자라나는 새싹처럼
씩씩하고 건강한 어린이로
자라나길 빌며

동글동글 포도송이

햇빛도 스쳐가라고 하고
어둠도 지나가라고 하고
시간도 떠나가라고 하고
이렇게 전부 다 보내나보다

그렇게 다 보내주고 나면
동글동글 알갱이
포도송이 속살이 탐스럽게 익는다

바람이 차갑게 불고
비가 촉촉히 내리면
남은 포도송이는
땅 위로 살포시 내려 앉는다

누구 입 속으로 들어갈
포도송이는 살포시
앉은 채로
산 속 짐승의 먹이가 된다

창문에 눈발이 스쳐가고
땅 위에 눈이 소복이 쌓이면
어느덧
지붕에 눈이 녹기 시작한다.
똑똑 장단을 맞추어 간다

오늘도 동글동글
포도송이 또르르 굴러간다

막둥이 군대가다

막내가 군대에 갔다
군대생활을 잘 할 수 있을지
아이를 보내면서 걱정하는 마음이 앞섰다

벌써 나라에
아이를 맡긴지 12개월
이제 제법 군인 냄새가 난다.

우리 어릴 때는
국군 장병 아저씨께 하고
위문편지를 썼는데
지금은
시시각각으로 인터넷으로 편지를 쓴다

군대는 짬밥이라고 하고
밥을 먹었는데
이제는 패스트푸드도 먹고
신세대 군대가 되었다

지금도 군인은 불침번, 보초를 선다.
그때는 어찌나 졸립던지
시간만 나면 졸았다.

새벽에 타작을 해야
잠을 자던 시절
여름에 푸세식 변소에
여러 명을 들여보내 받던 기합
이제는 아련한 추억이다

그 시절은
시간은 더디가고
내가 진짜 제대를 할 수 있을까
넋두리만 했는데
그래도 시간은 가고 제대는 했다.

수양딸

오늘도 전화벨이 울린다
욕설이나 폭언을 하면
전화가 끊어진다는
멘트가
수화기 사이로 흘러나온다

김호정 과장님
통화중이신데요
전화드리라고 할께요
아무리 기다려도
나는 동백아가씨가 되고 말았다.

어느 날 친아버지가
돌아가셨다고
구슬프게 운다

아들 셋의 엄마가 눈물을 뚝뚝 떨어 뜨린다

아침부터 호정 과장 목소리가 상쾌하다
내일은 휴가 내고 홀로 남은 어머니와
맛난 식사를 한단다
한껏 들떠 있다
목소리가 옥구슬이 쟁반 구르듯
젊은 향기가 난다
목소리만 들으면 영락없이 20대다

화장실 갈 틈도 없이
전화벨이 수시로 울려
하루종일 통화를 한다
전화통화하기가
하늘의 별따기다

천성이 부지런하고 친절해서
모든 사람의 사랑을 받는다

항상 건강히 남편사랑 듬뿍 받으며
세 아들과
하루하루 즐거웠으면 좋겠다

아! 5시다
전화를 안받는다
사무실에 없을까?
퇴근했을까?
아니다 사무실에 있다

우물

먹는 물도 귀하던 시절
우리 동네에는 우물이 하나 있었습니다.

그곳은 봄, 가을이면 읍내에서 온 장사 장사꾼들의 장터였고
바람 한 점 없는 무더위가 계속되는 여름이면
우리들은 어른들의 핀잔에도 아랑곳 하지 않고 물장난을 하고
놀던 놀이터였고
학교에서 돌아온 형들은
긴 주둥이를 쑥 내밀고 녹이 슨 낡은 펌프에
등목을 하던 곳 이었습니다.

찬바람이 불고 추위가 계속되는 겨울이 오면
우리들은 살얼음을 깨는 재미와
두레박을 타고 올라오는 얼음을 먹는 재미에
우물뚜껑을 수시로 열던 곳 이었습니다.

그렇게 몇 해가 지나고
동네 형의 대학 합격 소식
사촌누나의 결혼 소식...
반갑고 즐거운 소식이 우물가를 통해 들려오더니만

어느덧
우리 동네에는 수도가 들어오고
하나 밖에 없던 우물이 흉물스러운 모습이 되어 버렸습니다.

지금도 여름이 오면
동네아이들의 깔깔거리며 웃는 즐거움이 넘치던 소리
물지게와 균형을 잡기 위해 뒤뚱거리던 형의 뒷모습
무더위에 지쳐 평상에서 낮잠을 자던 나에게
부채를 부쳐주시던 할머니의 손길

물동이를 잡기 위해 손을 꼭 쥐었던 그 때

요즘은 그 시절이 더욱 그리워집니다.
우물물의 시원함이 그리워집니다.

겨울밤

겨울바람에 문풍지가
한 장단 한 장단 장단을 맞추더니
어느새 한 곡의 단소 소리로
아름다운 가락이 되어 겨울밤을 생각나게 합니다

겨울바람에 숲길의 작은 돌들이
맞닿아 하나의 같은 소리도 없더니
어느덧 어우러져 할머니의 다듬이 소리로
따뜻한 온기가 있던 겨울밤을 더욱 생각나게 합니다.

겨울바람에 놋그릇 열리는 소리가
어머니의 정성으로 수북이 푼 놋 공기가 생각나게 하더니
어머니의 따듯한 품 속 같은
따뜻한 겨울밤 아랫목 이불속이 그리워집니다.

겨울바람에도 재잘거리는 아이들소리가
내 강아지 내 강아지 하시며 팽이, 썰매 만들어 주시던
주름 많고 투박한 할아버지의 따스한 손길이
오늘같이 눈 내리는 겨울밤이면 더욱 그리워집니다.

고향길I

지금은 명절이 되어야 밟아보는 고향길
흙먼지도 일지 않고 흙냄새도 엷어졌지만
지금도 고향길에 들어서면
옛 추억이 떠올라 무작정 달려보고 싶은 고향길입니다

유난히 옷 사이사이로 한기를 느끼게 하던 재작년 겨울 고향길
길 옆의 샘물이 얼고
새하얀 눈은 하얀 눈꽃으로 길단장을 했지만
언제나 우리를 반기시던 어머니는
앞선 검은차에 영정을 싣고
하얀 영구차에 가녀린 몸을 의지하시며
그토록 바라시던, 우리가 모두 모인날
뒤 한번 돌아보실 줄 모르는 체 천천히 떠나갑니다

오늘도 고향길의 흙냄새가 콧속으로 스며듭니다.

고향길II

지금도 봄 햇빛이 내리쬘 때면
아른아른 아지랑이가 피어 오를 고향길
온종일 그 길에서 장난거리와 싸움질로 지친 우리는
기차 화통소리에 검은 매연을 내는 트럭의 신기함에
모두 그뒤를 따라 뛰어 갔습니다.

고향길 곳곳에 개나리, 진달래가 피어나고
맑고 깨끗한 샘물이 흐를때면
무료함과 단조로움에 싫증을 느끼고 있던 우리는
불현 듯이
읍내로 나가는 트럭의 한켠에 올라
무척이나 떠나고 싶던 고향길이였습니다.

으뜸 안경원

으뜸은 엄지다
최고라는 소리란다.

사람이 북적인다
동그랗고, 네모나고
가지각각의 안경알을 고른다

검정테, 금테, 보라, 빨강 등등
가볍고 실용적인 테가
잘 팔린다

주인은 친절하다
다리가 아파도 앉지를 못하고
말하기 싫어도 말을 해야 한다.
아침부터 밤 늦은 시간까지
쉬지 않고 일한다

오늘따라 눈비가 온다
입구에 소복이 쌓인다
평소 성격대로
손님의 방문을 위해 눈을 열심히 쓴다
손을 호호 불며 빗자루 질을 한다

따뜻한 아메리카노 한 잔이 그리우리라
내가 사다주어야지?

조금이라도 운동을 하려고
지하철을 타고 온단다
지하철의 즐거움을 알고 나니 즐겁단다
오늘도 작은 가방을 들고
아침 일찍 출근한다.

거울을 보고
머리를 매만지고
옷매무새를 다듬고 단정히 한다
나비넥타이가 어울리는데
오늘도 파이팅!

힘찬 출발을 외친다
부지런하고 성실한 분,
멋진 사나이다.
오늘도 안경을 닦고 있다
깨끗하게…………

일하는 남자

하루 12시간을 일한다
너무 지루할텐데
365일을 하루도 안쉬다가 이제 금요일은 쉰다

다리도 아프고 입도 아플텐데
눈이 오나 비가 오나
그 모습이 똑같다
출근길 사모님이 과일이랑 빵을 싸주셨단다

사뿐사뿐 걷는 뒷모습이 경쾌하다
저리도 열심히 사는데
저래야만 잘 살 수 있을까?
힘도 부칠텐데
내 마음이 아프다

오자마자 동네 주변을 청소하신다
내 가게도 쓸고 내 마음도 쓰신다

나는 저리 열심히 산 적이 없는데
성실히 열심히 사는 분들이 너무 많다
저리 살면 행복할까?

스타일 봄I

하얀 흰색바지가
잘 어울리는 사람
오전에는 OPEN
오후에는 CLOSE

봄, 여름, 가을, 겨울
진열대에 옷, 신발을 바꾼다
문뜩 매장을 들어서려면
은은한 커피향이 주인의 우아한 분위기와
잘 어울려
더욱 정감있게 한다

작은 매장이지만 없는 것이 없는
아기자기한 이쁜 매장이다
오늘은 나뭇가지가 입구를 가려 운치가 있다
운동화에 금박이 있고
색색의 신발이 빛을 반사한다
이 신발을 신고 어디로 갈까?
이 옷, 신발은 누구의 몫일까?

매장 유리에 햇빛이 비쳐 옷에 무지개가 떴다
색색의 옷들이 서로를 뽐내고 있다
내가 젤 이쁘다고
나를 사랑해 달라고, 나를 선택해 달라고
오늘도 아우성을 친다

영종도 아줌마들의 큰 사랑을 받는 스타일 봄!
오늘도 그곳에 많은 사람들이 있다

스타일 봄II

스타일 봄은
봄이 오면
스타일을 남다르게
멋을 내자는 소리일까?
역시 묘한 매력이 있는 단어이다

스타일은 봄이 최고다
봄 스타일
새싹이 나는 소리가 들린다
무겁고 칙칙한 색에서
밝고 화사한 색깔로 변복한다

봄 스타일
나만의 봄 스타일은 내 나이를 맞추어
파란색을 찾는다

아!
분홍색을 좋아하는 사람도 있는데?

봄이 가면
여름, 가을, 겨울은
내 스타일을 어찌해야 하나
봄 스타일만 생각했는데
머리가 하얗다
다른 계절의 스타일은 생각나지 않는다

봄 스타일은
누구에게나
새로운 희망을 갖게 한다

다들 봄을 기다리지만
봄이 오면
지루했던 겨울은
잊어버리고 봄만을 기억한다

이 봄엔 다들
사랑만! 기쁨만! 있으면 좋겠다

눈으로 말하는 부부

동네 편의점을 하는 부부가
내 눈에 들어 왔다

너무 힘들고 괴로울때는
십자로 길에서 서로 부둥켜 안고
한동안 울었단다

그 힘든 시절 다 보내고
부부애는 점점 끈끈해졌단다

서로의 눈빛이 사랑을 말한다.
부부싸움을 할 때는 신나게
사랑을 나눌 때는 정답게
이게 그들 부부다.

자신에게는 돈 한푼 쓰는 것도
벌벌 떨면서
하나뿐인 자식에게는
모든 걸 준다.
이게 부부의 철학이다.

이제 너무 힘들어
작은 동네 편의점을 접는단다.
서운하다.

가는 사람은 일이
힘에 부쳐 가지만
남는 우리는 슬프다

식사도 제시간에
제대로 못하고
손님이 들어오면 웃어야 하지만
거짓웃음이 아니다
자동이다.

다른 동네에 가서도
부지런한 부부로 살 것이다.
참 열심히 사는 부부다.

좋은 사람들을 만났다
언제 다시 이런분들을 볼까?
부디 어디서든 행복 하시라고
행복을 빌어 본다

거미

천장에 거미가 움직인다
한올 한올
거미집을 짓는다
파리, 나비가 그 집에 걸려 있다
움직일수록 점점 거미줄에 감싸인다

거미가 거미줄을
여러 겹으로 지었다
지나가는 사람의 머리에 얼굴에 붙는다
손사래를 쳐서 떼지만
잘 떨어지지 않는다

거미가 거미줄을 만든다
이 모양
저 모양
참 이쁘게도 짓는다

하!
큰 거미, 작은 거미 거미들이
모여 있구나

거미가 터전을 잃고 새 집을 짓는다
어찌나 빠른지
이게 거미일까
깜짝 놀랄 때가 많다
거미다 거미!

조여사

어느 날 내 주변에
세가지 일을 하시는
조여사를 처음 보았다

하루도 빠짐없이
열심히 바쁘게 사셔서
보는 것 만으로도 활기가 넘친다

모든 움직임이 시계같이 정확하다
오늘도 딸을 준다고 빵을 산다
딸 줄 마음에 방금 나온 빵을 찾는다
아마 가슴에 꼭 감싸안고 가시리라
식지 않게 딸을 주려고

조여사의 발걸음이 가볍다
아마도 딸과 같이
빵을 먹을 생각에
얼굴에 환한 미소를 짓는다

흥얼거리는 콧노래가 조여사의 기분을 나타낸다

조여사의 모든 생활 시계는
딸의 시간에 맞추어져 있다
딸이 그리 좋을까?
딸은 그 마음 알까?

커반

우리 동네에는
예쁜 커피집이 있다
늘 향긋한 커피향이
온 동네를 뒤덮는다

양파 같이 동그랗고 곱게 딴머리
여주인의 자태가 아름답다
오늘은 왜 빨간바지를 입으셨을까?
타고난 자태로 사뿐사뿐 곱게 걸으신다

오늘은 무슨 커피향이 날까?
향을 기다리는 설레임
내일의 커피향이 기다려진다
내가 잠시 커피향에 취해 본다

내가 아침마다 산책을 하는 이유는
커피향을 맡기 위해서다.
오늘도 커피향이 나를 멈추게 한다

커피는 다양한 변신을 한다
커피향이 왜이리 향기로울까?
문득 커피 한잔하고 싶은 충동이 인다
커피는 우리의 다정한 친구다

오늘도 당신의 마음을 어루만져주기 위해
커반의 다양한 커피가 손님을 기다린다

점심시간
마음이 고운 아들과
가는 여주인의 식사길,
두 분의 뒷모습이 너무 다정해 보인다

오늘도 향기로운 커피향이
내 마음을 설레게 한다
내 마음을 빼앗는다
오늘은 무슨 커피향일까?

아들 면회 간 날

아들이 군대 간지
1년이 되었다

오늘은 우리 부부가
아들 면회를 가는 날이다

바리바리는 아니지만
지가 먹고 싶다는
카라멜 마끼아또, 카페모카를
커반에서 사고
치킨과 떡볶이도 준비 했다

아들이 복무하는
부대를 가보니
산속에 작은 부대였다

아이가 반가워선지
많이 먹지를 못하는구나?

지 애미가 면회하고
돌아서려니 맘이 찡한단다
그게 부모의 마음일 것이다.

이제
제법
군인티가 난다
군대용어도 능숙하게 쓰고
후임도 잘 돌볼줄 아는 것 같다.

이제
내년 2월이 오면
제대구나

남은 기간
늠름한 군인으로
고고씽!

내가 이겼다

오늘은 아이가
집안을 뱅글뱅글 돈다
혼자 뛰어다니며
“내가 이겼다”를
목청껏 외친다.

어찌저리 귀여울까?

요즘 아이가
물건 옮기는 취미가 생겼다
휴지를 이쪽 저쪽으로 옮긴다
할매가
다시 옮기느라
땀을 뻘뻘 흘리며
졸졸 따라 다닌다

아이는 시계를 좋아한다
초침, 분침, 시침
돌아가는게 마냥 신기한가보다.

시계가 너무 높이 있어
안아달란다
가까이서 보고 싶은가 보다

시계 앞으로 데리고 가면
마냥 신기해 한없이 쳐다본다

살다보면-I

밥 거르면 알지
밥맛이 꿀맛이란 걸

목 마르면 알지
물이 달콤하다는 걸

수영하다 보면 알지
숨 쉬는것도 행복이란 걸

퇴직하면 알지
직장 다닐 때가 그리운 걸

아프면 알지
건강이 큰재산인 걸

헤어지면 알지
당신이 소중하다는 걸

살다보면-II

모든게 없어지면 알지
그것이 소중하단 걸

세월이 가면 알지
힘든 일도 추억이 된다는 걸

행복이 없어지면 알지
행복이 기쁨을 준다는 걸

운영을 달리 하면 알지
내가 세상에 있었다는 걸

오늘도
멋지게, 당당하게, 힘차게
살아야지

연탄

연탄이 불에 탄다.
연탄불이 뜨겁게 달아 오르면
어머니는
그곳에
밥도 끓이고
국도 끓이셨다

연탄이 불에 탄다
온몸을 태우니
아랫목이 뜨근뜨근하다
어느새
하얀재로 탈바꿈한다.

연탄이 위, 아래 붙어버리면
연탄을 갈기 위해
부엌칼을 가져다
밑에 연탄을 떼어 내었다.

연탄차가 언덕을 올라간다
부릉부릉
힘차게 올라간다
계단 아래 멈춘다.

연탄장수 아저씨가
한 장 두 장 조심스럽게 나르신다
땀에 뒤범벅이다.

오늘도 어머니 깨실라
살금살금
어머니 몰래
연탄을 갈고 있다.

꺼지지마라
우리어머니 깨실라

봉자, 미자, 희환이

봉자
미자
희환이
삼남매가 있는 것 같다.

봉자
미자
희환이는
세자매이다

봉자는 어릴 때
아이들에게 봉지라고
놀림을 받았고

미자는
동백아가씨 부른 가수
미자라고
놀림을 받았단다

희환이는
남자이름이라고 놀림을 받으면
맏언니라 놀리는 아이들과
크게 싸움을 했단다.

이쁜이 세자매
오늘도
서로를 생각하며 같은 길을 간다

정말 세자매일까?
처음 본 기억이 생각나지 않는다.

승강기 할아버지

우리 건물엔
귀여운 모자를 쓰고
자그마한 키에
다부진 체격을 가진
승강기 할아버지가 수리를 오신다.

일을 많이 하시고
나이가 드셔서
무릎이 아프시다면서도
부지런히 점검을 다니신다.
저 다리가 얼마나 힘들었을까?

오늘도 승강기 할아버지는
승강기 고장신고
전화를 받는다

언제쯤 승강기 할아버지는
즐겨하시는 낚시 하시면서
편하게 소주 한잔 하실까?

노랑머리 최부장

노랑머리 최부장은
오늘도 긴머리를 휘날리며
화재수신기
소리나는 곳을 찾아 다닌다.

최부장의 핸드폰이 불이 난다
빨리 오라고
수신기 고치라고
최부장은 조용히 대답을 한다
우선 "자동복구" 버튼 누르시라고

최부장은
하루하루가 살얼음판이리라
비, 눈이 올때면
습기가 차 올라와
더 힘이 들리라

저리 힘이 드는데도
열심히 회사를 위해 일한다
내 일 같이

고장신고를 하니
오늘도
쌩하고 차를 몰고 온다
차 안에 수리할 부품이 한가득이다.

단 한 번도
편하게
잠자는 날이 없으리라

오늘도 바쁘게 움직인다

그래서 언제 장가갈래?

살아보니

내 나이 10대에는
나이도 빨리 먹고 싶었고
결혼할 내 집사람 얼굴은 어찌 생겼을까
궁금증도 컸다

내 나이 20대에는
대학도 졸업했고
군대도 갔고
결혼도 해 아들도 낳았다
신입사원으로 공사에 입사해
김포공항에 근무했다.

내 나이 30대에는
과장으로 진급해
꿈도 많고, 하고 싶은 업무도 많은 때였다
이쁜 딸도 얻었다

내 나이 40대에는
서울을 떠나
처음 가보는 지방공항에 근무도 했다.
공항건설도 해보고
업무를 소신있게 하던 때였다.

내 나이 50대에는
직원들과
정말 재미있게 근무하던 시절이다.
업무도 능숙해졌고
후배들을 양성하기 위해 대학강의도 시작했다
승승장구 하던 시절이다.

내 나이 60대에는
내 평생 해 왔던 업무를
대학교재로 편찬했고
두 번째 직장도 얻었으며
손주도 낳아 할아버지도 되었다
지금은
그 아이 재롱에 시간 가는 줄 모른다

아직 내 인생에 마침표는
더 지내보아야 되겠지만
문뜩 문뜩 아버지, 어머니가
생각나는거 보니
나도 나이가 들었나 보다.

면도를 하려고
거울을 보고 있노라면
내 아버지가 거울 안에 와 계신다.
내 모습이 점점 아버지를 닮아간다.
나도 모르게 아버지를 불러본다.

아이

아이가
소파에 올라간다
곡예하듯 아슬아슬하다
위험하게 서 있으면서
“내가 젤 멋지지”를 외친다

할매가
“진짜 멋있다”
한마디 해주면 까르르 좋단다

큐브를
이리던지고
저리던진다.
“위험해”하면 저는 잘 할 수 있단다

지 애미가 너무 귀엽다고
아이와
멋지게 하이파이브를 한다.

아이가 보는 세상

동그라미
네모
세모
뾰족한 것은 배도라지란다.

참 신기합니다

이 세상이
아이의 눈에
아이의 마음에
이리 보이나 봅니다

그 이쁜 마음
언제까지나 고이 간직하기를
간절히 빌어 봅니다.

C
A
B

꽃이 신기해

아파트 현관 앞에
들꽃이 피었습니다.
아이는 신기해
그곳으로 뛰어 갑니다.

어!
개미가 많이 있네
개미를 잡으려
고사리 같은 손으로
이리저리
분주히 움직입니다

땀을 뻘뻘 흘리며
개미를 잡으려 하지만
한 마리도 못잡고

아이는
"앙"하고 크게 울음을 터뜨립니다.

고양이야 어디가?

아이가
아파트에 있는
들고양이를 향해 뛰어 갑니다

고양이가
크게 놀라 도망 갑니다

아이가 크게 말합니다
고양이야
어디가
나 왔어!

아이의 생각

전화벨이 울립니다.
아이가
신나서 뛰어 갑니다

지 이모가 전화를 받는
아이에게
이준아?
“키도 많이 크고”
“고추도 많이 컸어?” 하고 묻습니다.

“아니요 안 컸어요”
근데 아빠 고추가 더커요!

아이의
엉뚱한 대답에
다들 크게 웃음을 터트립니다.

인생닭강정

인생과 닭강정이
무슨 관계가 있을까?
인생닭강정이라는
상호에
문득 의문이 든다

아마 인생에
제일 맛난, 처음 맛보는
달콤한 맛의
닭강정이라는 뜻일 게다.

검은 모자를 쓰고
빨간티를 입으신
자그마한 체구의 여사장님이
오늘도 문을 여신다

인생닭강정
이제는 어느덧
젊은 분들이 많이 방문하는
영종도의 새로운 명소가 되었다

엄지척이다!

대왕비빔밥

대왕이 먹는
비빔밥이라
양이 푸짐하다

오늘도
단아하고, 고운
여사장님이 포장을 하신다

김치도 있고
된장국도 있고
계란찜도 있다

이거 정말 맛있겠는걸?

맘스터치

기발하다
맘스터치?

엄마가 만든
닭고기가 든 햄버거
참 신기하다?

우리가 어릴 때는
돼지고기 패티가 든
햄버거 하나만 먹어도
하늘을 날아갈 듯 좋았는데
이제는 어디든 메뉴가 다양하다

이것도 별미네!
먹어봐야 알지?

내친구

내게는
50년 가까이
한번도 변함이 없이 지내온
친구가 5명 있다.

경재도 있고
영철이도 있고
덕근이도 있고
석주도 있고
병린이도 있다

다들 땀 흘리며
열심히
살아가고 있다.

친구들아
멀리 안 가고
항상 내 곁에 있어줘
고맙다.

소식도 자주 못 전하고
전화도 자주 못하지만
몇 달만에
한 번 모여도
어제 본 듯 할 이야기가 많다

이제는
다들 머리가 하얗고
세월의 흐름이 있는
주름도 많이 생겼지만

아직도
우리는
만나면 고등학생이다.

에어컨과 선풍기

여름이면
할매와 전쟁이다.

나갔다 들어오면
나는 에어컨 틀라고
할매는 선풍기 틀라고
번번히 내가 진다.

오늘은
할매가
기분이 좋은가 보다
웬일인지 에어컨을 틀어준다

한숨
땀을 식히니
내가 미안해졌다.
에어컨 끄라고
선풍기 튼다고

손주가 덥단다
손주이야기는
할매한테는 쥐약이다
금방 틀어준다
손주덕에 에어컨을 틀었다

에어컨도 없고
선풍기도 없을 때는
어떻게 살았을까?
그래도 잘 살았는데

지금은
시원한 서풍 바람이 분다

한우리 요양원

오늘은
한우리 요양원에
서예수업이 진행됩니다

어느날
서예수업이 끝나갈 즈음
할아버지에게
반가운 손님이 찾아 오십니다.

할아버지의
나이 많으신
어머니 이십니다.

어머니를 만난
머리가 하얘진 할아버지는
어린아이처럼 환하게 웃으십니다.

어무이! 어무이!를
부르시며
더듬더듬
할머니의
얼굴을 만지고 손을 잡습니다.

어머니에게도
꿈이 있던 시절도
곱던 시절도 있었습니다.

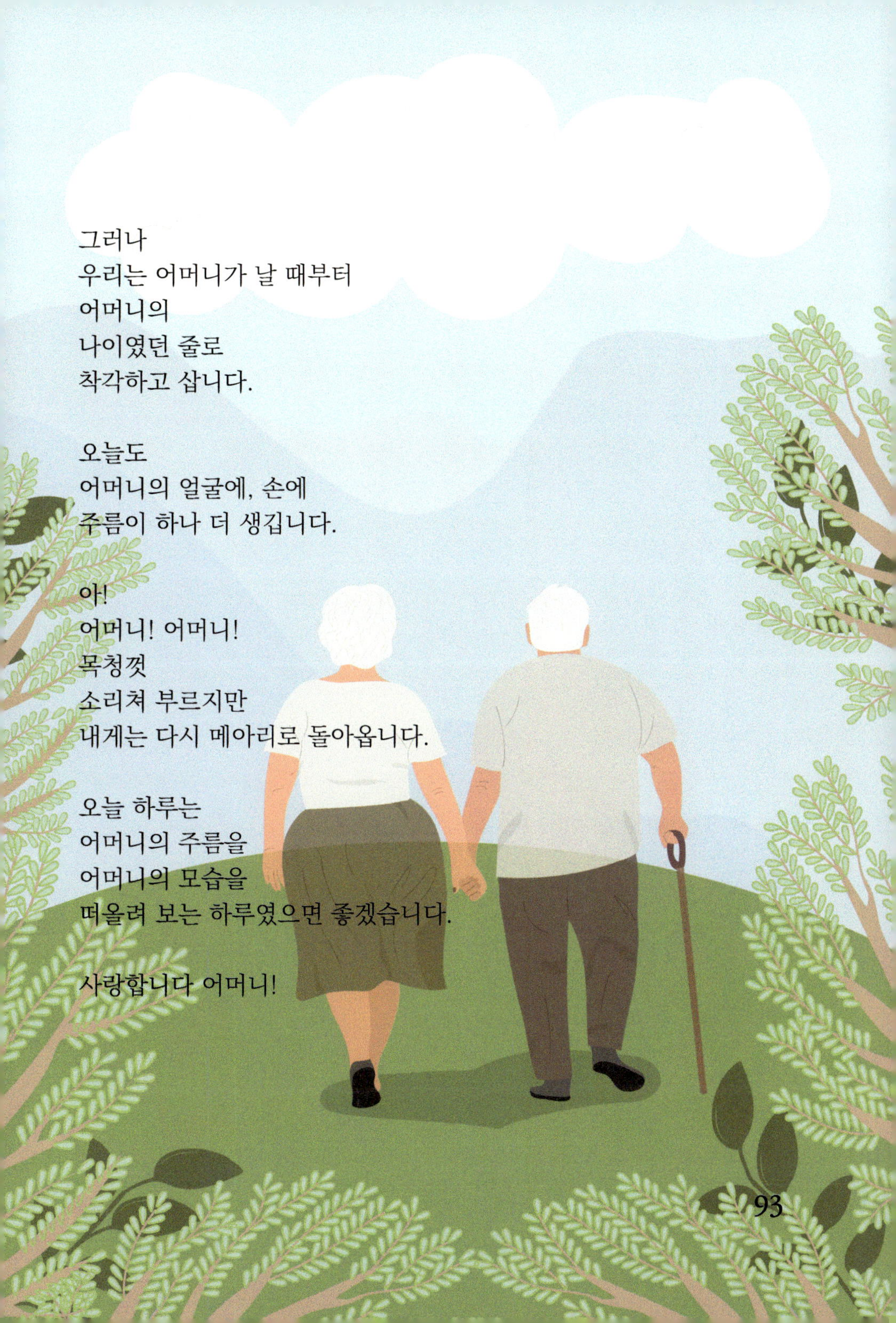

그러나
우리는 어머니가 날 때부터
어머니의
나이였던 줄로
착각하고 삽니다.

오늘도
어머니의 얼굴에, 손에
주름이 하나 더 생깁니다.

아!
어머니! 어머니!
목청껏
소리쳐 부르지만
내게는 다시 메아리로 돌아옵니다.

오늘 하루는
어머니의 주름을
어머니의 모습을
떠올려 보는 하루였으면 좋겠습니다.

사랑합니다 어머니!

신발

내게는
똑같은
신발이 3개 있다.

한 켤레는 월, 화에
다른 한 켤레는 수, 목에
또다른 한 켤레는 금, 토, 일에
신는다

다른 사람들은
모두 똑같은
신발을 신고
다닌다고 생각하리라

같은 신발이라도
신발에는
각각의 향기도 있고
저마다의 상처도 있다

신발은
내 발을 지키려고
하루종일 나와 같이 하는데
고생이 많다
고맙다

너도 조만간
편히 쉬게 해줄게

사랑

사랑은
처음엔
잠시도 못 보면 보고 싶고
서로를 그리워한다

사랑이
무르익으면
서로가
서로를 배려하고 양보 해야한다

사랑이 식으면
서로가
서로를
찾지 않고
서로 바라보는 것이 힘들다

사랑은
수명의 제한이 없다
젊은 사람이든, 나이든 사람이든
사랑의 감정은 다르지만
서로 아끼는 마음은 똑같다

서로
사랑하고 사랑해
아름다운 꽃을 피우리라

사랑이 너무 이쁘다.

목발

나는
복숭아 뼈에
금이 가
기부스를 하고
목발을 짚고 다닌다.

양쪽 목발을 하고 다니니
균형이 맞지 않는다

이런 작은 상처도
일상의 큰 변화를 가져온다
모든게 다 틀어졌다

하나 하나
다시 맞추려니
시간이 오래 걸린다
이제는 작은 것의
소중함을 알 것 같다

기부스를 풀고
일상을 회복했지만
목발은 다시 짚고 다녀야했다

언제 다시
완전하게 돌아 오려는지

자꾸 걸어야 회복 된다는데
자꾸 신경이 쓰인다
간간히 통증이 온다
다 나은 줄 알았는데
쉽게 돌아오지는 않나 보다.

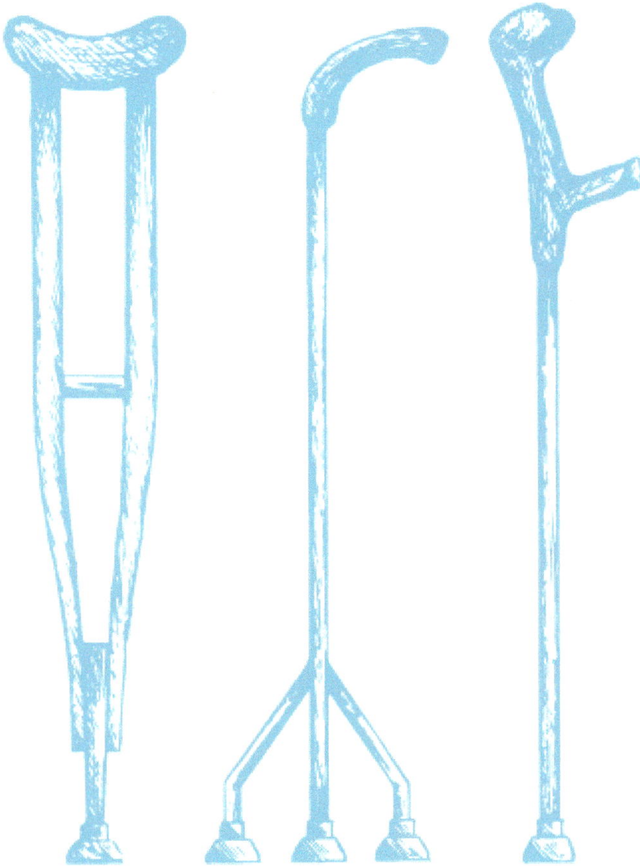

달려와 주는 친구

풍파 많은 세상사
미래를 알수없는 인생
어떻게 변할지 모르는 내일
그래도
우리 오랜 친구로 남아있자

세상이 우리를
아프게 할지라도
옆에 있어 주는 것 만으로도
위로가 되는 친구로 남아있자

서로 힘들고 아플때
도움이 되지는 못해도
한달음에 달려와 주는
은은한 향기 풍기는
목련꽃 같은 친구로 남아있자

우리 함께한 추억이
세상살던 기억이
옅어지더라도
서로를 기억할수있는
소중한 친구로 남아있자

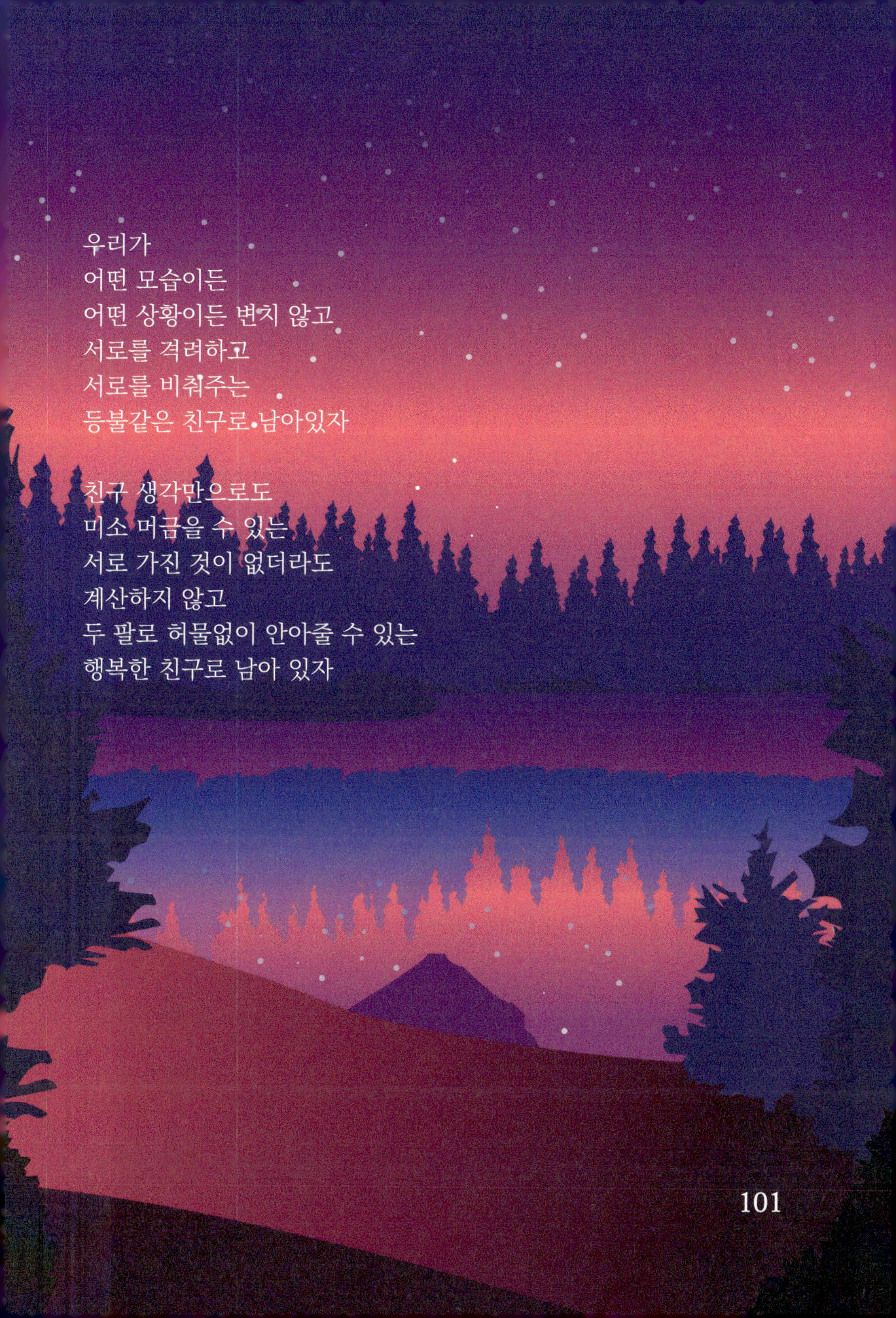

우리가
어떤 모습이든
어떤 상황이든 변치 않고
서로를 격려하고
서로를 비춰주는
등불같은 친구로 남아있자

친구 생각만으로도
미소 머금을 수 있는
서로 가진 것이 없더라도
계산하지 않고
두 팔로 허물없이 안아줄 수 있는
행복한 친구로 남아 있자

엄마가 주신돈

착한 일을 했다고
엄마가 주신 돈
무엇 할까요?

사탕 살까요?
과자 살까요?

아니 아니 아니죠!

저금해야죠

새벽을 열다.

내가 이아침에
느끼는 감정은 신선함 입니다.

내가 이저녁에
느끼는 마음은 편안함 입니다.

내가 미래에
바라는 희망은 평범함 입니다.

내가 오늘아침에
힘차게 외치는 소리는 신나게 입니다.

내가 내일에
바라는 희망은 소박함 입니다.

내가 마음에
다짐하는 약속은 오늘도 즐겁게 입니다.

이른새벽을 여는 즐거움
혼자있는 시간의 여유로움
나는 모든걸 느끼고 삽니다.

오늘도 나는 새아침을 두드립니다.

눈꽃

눈꽃이 온세상을
하얗게
물들이고 있네

소복이 내린눈
눈송이 쌓이면
아이들이 좋아할텐데

소담스럽게 내리는 눈꽃에
아이들이 눈싸움 하면서
신나게 놀고 있네

장갑도 없이
언 손을 호호불며
이쁜 눈사람을 만들고 있네

누구 눈사람이
젤 멋질까?
서로 자기것이 이쁘다네

개구쟁이들아!
다 이쁘네
다들 멋지게 만들었네

새하얀 눈꽃같이
순백의 마음을
오래오래 간직하렴

오늘도 눈꽃이
아이들의 마음을
두드립니다.